These are the thoughts I want my brain to keep

I0402892

These are the thoughts I want my brain to keep

These are the thoughts I want my brain to keep

These are the thoughts I want my brain to keep

These are the thoughts I want my brain to keep

These are the thoughts I want my brain to keep

These are the thoughts I want my brain to keep

These are the thoughts I want my brain to keep

These are the thoughts I want my brain to keep

These are the thoughts I want my brain to keep

These are the thoughts I want my brain to keep

_____

_____

_____

_____

_____

_____

_____

_____

_____

_____

_____

_____

_____

_____

_____

_____

_____

_____

These are the thoughts I want my brain to keep

_____

_____

_____

_____

_____

_____

_____

_____

_____

_____

_____

_____

_____

_____

_____

_____

_____

_____

These are the thoughts I want my brain to keep

These are the thoughts I want my brain to keep

These are the thoughts I want my brain to keep

These are the thoughts I want my brain to keep

_____

_____

_____

_____

_____

_____

_____

_____

_____

_____

_____

_____

_____

_____

_____

_____

_____

_____

These are the thoughts I want my brain to keep

These are the thoughts I want my brain to keep

These are the thoughts I want my brain to keep

These are the thoughts I want my brain to keep

These are the thoughts I want my brain to keep

These are the thoughts I want my brain to keep

_____

_____

_____

_____

_____

_____

_____

_____

_____

_____

_____

_____

_____

_____

_____

_____

_____

_____

_____

These are the thoughts I want my brain to keep

_____

_____

_____

_____

_____

_____

_____

_____

_____

_____

_____

_____

_____

_____

_____

_____

_____

These are the thoughts I want my brain to keep

These are the thoughts I want my brain to keep

_____

_____

_____

_____

_____

_____

_____

_____

_____

_____

_____

_____

_____

_____

_____

_____

_____

These are the thoughts I want my brain to keep

_____

_____

_____

_____

_____

_____

_____

_____

_____

_____

_____

_____

_____

_____

_____

_____

_____

_____

These are the thoughts I want my brain to keep

These are the thoughts I want my brain to keep

These are the thoughts I want my brain to keep

These are the thoughts I want my brain to keep

These are the thoughts I want my brain to keep

These are the thoughts I want my brain to keep

These are the thoughts I want my brain to keep

These are the thoughts I want my brain to keep

These are the thoughts I want my brain to keep

_____

_____

_____

_____

_____

_____

_____

_____

_____

_____

_____

_____

_____

_____

_____

_____

_____

_____

These are the thoughts I want my brain to keep

These are the thoughts I want my brain to keep

These are the thoughts I want my brain to keep

These are the thoughts I want my brain to keep

These are the thoughts I want my brain to keep

These are the thoughts I want my brain to keep

_____

_____

_____

_____

_____

_____

_____

_____

_____

_____

_____

_____

_____

_____

_____

_____

_____

These are the thoughts I want my brain to keep

These are the thoughts I want my brain to keep

_____

_____

_____

_____

_____

_____

_____

_____

_____

_____

_____

_____

_____

_____

_____

_____

_____

_____

These are the thoughts I want my brain to keep

These are the thoughts I want my brain to keep

These are the thoughts I want my brain to keep

These are the thoughts I want my brain to keep

_____

_____

_____

_____

_____

_____

_____

_____

_____

_____

_____

_____

_____

_____

_____

_____

_____

_____

These are the thoughts I want my brain to keep

These are the thoughts I want my brain to keep

_____

_____

_____

_____

_____

_____

_____

_____

_____

_____

_____

_____

_____

_____

_____

_____

_____

These are the thoughts I want my brain to keep

These are the thoughts I want my brain to keep

_____

_____

_____

_____

_____

_____

_____

_____

_____

_____

_____

_____

_____

_____

_____

_____

_____

_____

These are the thoughts I want my brain to keep

These are the thoughts I want my brain to keep

These are the thoughts I want my brain to keep

_____

_____

_____

_____

_____

_____

_____

_____

_____

_____

_____

_____

_____

_____

_____

_____

_____

_____

These are the thoughts I want my brain to keep

These are the thoughts I want my brain to keep

These are the thoughts I want my brain to keep

These are the thoughts I want my brain to keep

These are the thoughts I want my brain to keep

_____

_____

_____

_____

_____

_____

_____

_____

_____

_____

_____

_____

_____

_____

_____

_____

These are the thoughts I want my brain to keep

These are the thoughts I want my brain to keep

_____

_____

_____

_____

_____

_____

_____

_____

_____

_____

_____

_____

_____

_____

_____

_____

_____

These are the thoughts I want my brain to keep

These are the thoughts I want my brain to keep

These are the thoughts I want my brain to keep

These are the thoughts I want my brain to keep

These are the thoughts I want my brain to keep

_____

_____

_____

_____

_____

_____

_____

_____

_____

_____

_____

_____

_____

_____

_____

_____

_____

_____

_____

These are the thoughts I want my brain to keep

These are the thoughts I want my brain to keep

_____

_____

_____

_____

_____

_____

_____

_____

_____

_____

_____

_____

_____

_____

_____

_____

_____

_____

These are the thoughts I want my brain to keep

These are the thoughts I want my brain to keep

These are the thoughts I want my brain to keep

_____

_____

_____

_____

_____

_____

_____

_____

_____

_____

_____

_____

_____

_____

_____

_____

_____

These are the thoughts I want my brain to keep

These are the thoughts I want my brain to keep

_____

_____

_____

_____

_____

_____

_____

_____

_____

_____

_____

_____

_____

_____

_____

_____

_____

These are the thoughts I want my brain to keep

These are the thoughts I want my brain to keep

_____

_____

_____

_____

_____

_____

_____

_____

_____

_____

_____

_____

_____

_____

_____

_____

_____

_____

These are the thoughts I want my brain to keep

These are the thoughts I want my brain to keep

These are the thoughts I want my brain to keep

These are the thoughts I want my brain to keep

These are the thoughts I want my brain to keep

These are the thoughts I want my brain to keep

_____

_____

_____

_____

_____

_____

_____

_____

_____

_____

_____

_____

_____

_____

_____

_____

_____

_____

These are the thoughts I want my brain to keep

These are the thoughts I want my brain to keep

_____

_____

_____

_____

_____

_____

_____

_____

_____

_____

_____

_____

_____

_____

_____

_____

_____

_____

These are the thoughts I want my brain to keep

These are the thoughts I want my brain to keep

These are the thoughts I want my brain to keep

These are the thoughts I want my brain to keep

_____

_____

_____

_____

_____

_____

_____

_____

_____

_____

_____

_____

_____

_____

_____

_____

_____

_____

These are the thoughts I want my brain to keep

These are the thoughts I want my brain to keep

These are the thoughts I want my brain to keep

www.ingramcontent.com/pod-product-compliance
Lightning Source LLC
Chambersburg PA
CBHW020601220526
45463CB00006B/2399